SEDUZIONE MENTALE

Come Diventare una Donna Alfa: Caratteristiche Vincenti per Sedurre gli Uomini

Copyright © 2023 by Seduzione Mentale

All rights reserved. No part of this publication may be reproduced, stored or transmitted in any form or by any means, electronic, mechanical, photocopying, recording, scanning, or otherwise without written permission from the publisher. It is illegal to copy this book, post it to a website, or distribute it by any other means without permission.

First edition

*This book was professionally typeset on Reedsy.
Find out more at reedsy.com*

Contents

1. Il Segreto per la Tua Fortezza Interiore — 1
2. Le regole della donna alfa — 4
3. L'arte della seduzione: l'uomo alfa e l'uomo beta — 7
4. Come diventare una donna alfa e sedurre: strategie di… — 10
5. Le donne alfa e il loro potere interiore — 12
6. Il Mito del Maschio Alfa — 15
7. Il Viaggio Verso l'Autostima e l'Indipendenza — 17
8. Raggiungere gli obiettivi con sicurezza — 22
9. Indipendenza finanziaria — 26
10. Indipendenza Emotiva — 29
11. Esprimere la Femminilità — 33
12. Intelligenza Sociale — 37
13. Seguire le proprie passioni — 41
14. La Strategia della Donna Alfa — 45
15. Donne alfa: esempi di successo — 49
16. Donna Alfa e relazioni — 53

Bibliografia e Sitografia — 57

1

Il Segreto per la Tua Fortezza Interiore

Sei stanca di sentirti inadeguata e insicura?
Vuoi imparare come diventare una donna alfa, ma non sai da dove cominciare?

In questo capitolo, ti guiderò attraverso le abitudini e le caratteristiche essenziali per diventare la migliore versione di te stessa. Ti aiuterò a superare i tuoi limiti e a trovare il tuo potere interiore.

L'Intimidazione Maschile È Solo Un Mito

Molte donne credono che gli uomini alfa si sentano intimiditi dalle donne con la stessa forza. In realtà, ciò che gli uomini cercano è una donna che sa cosa vuole nella vita e ha fiducia in sé stessa.

Certo, esistono uomini che non sono sicuri di sé o che hanno bisogno di sentirsi superiori alle loro partner. Ma questi non sono uomini alfa. Gli uomini veramente forti cercano una compagna forte ed indipendente nella vita.

Come Diventare Una Donna Alfa: I Primi Passi

Il primo passo per diventare una donna alfa è l'auto-osservazione. Osserva te stessa e il tuo comportamento. Cosa ti fa sentire soddisfatta e felice? Quali sono i tuoi obiettivi nella vita?

Poi guarda intorno a te. Chi sono le donne di successo nella tua vita? Che abitudini hanno queste donne? Prenditi il tempo di studiare il loro comportamento e la mentalità che le ha portate al successo.

Infine, prenditi cura di te stessa. Lavora per migliorare la tua fiducia in te stessa e l'autostima. Definisci obiettivi entusiasmanti per la tua vita, sviluppa relazioni sane con coloro che ti circondano e incoraggia gli altri a perseguire i loro sogni.

Caratteristiche Di Una Donna Alfa

Una donna alfa sa esattamente cosa vuole nella vita ed è impegnata nel raggiungimento dei suoi obiettivi. Ama se stessa e la sua vita, ed è sempre alla ricerca di nuove sfide.

Non si accontenterebbe mai di un uomo beta o di una relazione malsana. È aperta e sincera nella comunicazione con il suo partner, senza mai nascondere la propria vulnerabilità.

Inoltre, una donna alfa incoraggia il suo partner a perseguire i propri sogni ed obiettivi. Ascolta attentamente gli altri e cerca sempre di trovare un modo win-win nelle situazioni difficili.

Infine, una vera donna alfa non tradisce mai il proprio partner o amici - la fedeltà è fondamentale per lei. Ha anche una relazione sana con i suoi genitori (se possibile) e rimane umile nonostante tutto ciò che ha raggiunto nella vita.

Metodi Pratici Per Diventare Una Donna Alfa

Per diventare una donna alfa, devi lavorare costantemente su te stessa e sul tuo sviluppo personale. Ecco alcuni metodi pratici per aiutarti a fare questo:

- Fidati del tuo istinto: ascolta la tua intuizione e non avere paura di prendere decisioni difficili.
- Sviluppa una mente aperta: sii sempre pronta ad ascoltare nuove idee ed esplorare nuovi orizzonti.
- Cerca di uscire dalla tua zona di comfort: sfidati a fare cose che ti spaventano o che non hai mai fatto prima.
- Sii gentile con te stessa: non essere troppo dura con te stessa quando commetti errori o fallisci.
- Lavora sulla tua autostima: riconosci i tuoi punti di forza e valorizzali, ma anche cerca di migliorare nei tuoi punti deboli.
- Coltiva relazioni sane: cerca amicizie positive ed incoraggianti e costruisci una relazione sana con il tuo partner.

2

Le regole della donna alfa

La donna alfa ha le sue regole, regole dettate dalla sua esperienza e dalle delusioni amorose che ha subito. Non si tratta di regole rigide e intransigenti ma di semplici linee guida trasparenti che servono a stabilire le basi di una relazione sana e duratura.

Qualità, non quantità

La prima regola della donna alfa è quella dell'acqua: non la quantità ma la qualità. Vuole vedere poco ma bene, il suo interesse è nella qualità degli incontri, non nella quantità degli stessi.

Vacanze insieme, ma non tutte

La seconda regola riguarda le vacanze: ci saranno alcune vacanze fatte insieme, ma non tutte. La donna alfa avrà anche bisogno di trascorrere del tempo da sola.

Intenti separati

La terza regola prevede che si dorma in camere separate perché la donna alfa vuole riposare senza essere disturbata dalle abitudini dell'altra persona.

Amici moderatamente

La quarta regola riguarda gli amici: la donna alfa farà una netta distinzione tra i suoi amici e quelli dell'altra persona.

Trasparenza sempre

La quinta regola è quella della trasparenza: la donna alfa vuole sempre verità e trasparenza. Non sopporta le bugie o l'ipocrisia.

Figli distinti

I figli sono un'altra questione delicata per la donna alfa e farà una netta distinzione tra i propri figli e quelli dell'altra persona.

Aiuto reciproco

Per quanto riguarda l'aspetto economico, ci si aiuterà reciprocamente ma senza caricarsi degli impegni dell'altra persona.

La donna alfa è una donna ambita

Essendo una donna pratica e indipendente, la donna alfa è molto ambita dagli uomini sposati ma difficilmente dimenticherà le amanti di un uomo sposato nel caso in cui diventasse sua partner. Saranno regole ferree ma trasparenti che, se rispettate, permetteranno di costruire una relazione sana e duratura con una donna alfa.

3

L'arte della seduzione: l'uomo alfa e l'uomo beta

Sei alla ricerca dell'uomo perfetto?
Vuoi sapere se è un maschio alfa o un maschio beta?

Non preoccuparti, è una domanda comune tra le donne. Ma prima di rispondere a questa domanda, dobbiamo comprendere la differenza tra questi due tipi di uomini.

Uomo Alfa vs Uomo Beta

L'uomo alfa è il classico dominatore del branco, sicuro di sé e con molta personalità. È l'uomo che attira immediatamente l'attenzione delle donne grazie alla sua presenza magnetica e alla sua aura di potere. Dall'altro lato invece, c'è l'uomo beta, romantico e dolce ma forse meno attraente inizialmente rispetto all'altra categoria.

Come capire se un uomo vuole comandare o essere comandato?

È difficile stabilire a priori se un uomo vuole comandare o essere comandato. In ogni persona esiste una combinazione di tratti sia dell'alfa che del beta. Di conseguenza, la distinzione non è così netta come sembra. Tuttavia, puoi capire il tipo di uomo che hai davanti in base al suo atteggiamento e alla tua risposta ad esso.

Se per esempio vedi che l'uomo vuole prendere il controllo della situazione e tu non sei d'accordo con questo approccio, basta dirglielo senza cercare di far prevalere i tuoi interessi in modo prepotente o arrogante. In caso contrario, se entrambi cercate un equilibrio giusto nella relazione, potete trovare facilmente un punto di incontro.

Quali sono le caratteristiche che le donne cercano negli uomini?

La verità è che ogni donna cerca qualcosa di diverso in un uomo, a seconda della sua personalità e dei suoi desideri. Tuttavia, ci sono alcune caratteristiche che sembrano essere universalmente attraenti per le donne. L'uomo alfa, con la sua sicurezza in sé stesso e il suo atteggiamento dominante, può risultare molto affascinante. Allo stesso tempo però, l'uomo beta, dolce e attento alle esigenze della partner, sa conquistare il cuore delle donne.

Incompatibilità tra caratteri

Nonostante tutto, se due persone hanno caratteri forti come quello dell'alfa, possono finire per scontrarsi spesso durante la loro relazione. Il motivo è semplice: gli alfa di natura non scendono a compromessi facilmente e questo può causare problemi nella coppia.

In sintesi quindi, non esiste una risposta definitiva alla domanda su quale sia l'uomo ideale per una donna. Ognuno ha i suoi gusti e preferenze personali. Tuttavia, ci sono certe caratteristiche che sembrano attrarre maggiormente le donne come la sicurezza in sé stessi o l'attenzione verso la partner.

Ma ricorda sempre: non devi cambiare te stesso per piacere a qualcuno. Cerca piuttosto di migliorare te stesso nei modi che ritieni giusti e autentici. Alla fine troverai qualcuno con cui sei compatibile e felice.

4

Come diventare una donna alfa e sedurre: strategie di seduzione

La donna alfa non è necessariamente bella, ma sicuramente è in forma e ha una cultura. Ha intelligenza sociale, sa comunicare a livello verbale e non verbale ed è sempre allegra e ottimista. Non si lamenta mai e ha molte attività che la appagano, non dipendendo quindi dal suo uomo per la pagnotta.

Strategie di seduzione della donna alfa

La donna alfa sa creare antagonisti con l'uomo che le piace. Usa spesso la tecnica del push-pull per farlo vivere l'abbandono e il rifiuto. Sa somministrarsi emozioni ed è un'esperta del tira e molla. Inoltre, usa spesso il rinforzo intermittente per tenere l'uomo interessato.

Chi ha più successo? Donna beta o Alfa?

Le donne beta possono avere maggiori difficoltà nella scelta degli uomini rispetto alle donne alfa, ma se si accoppiano con un uomo beta potrebbero avere maggiori garanzie nella costruzione di una relazione familiare stabile.

Come conquistare un uomo?

La femmina alfa tende a ignorare l'uomo che le piace ed evita di dimostrare interesse. Cerca di tenerlo lontano e non gli dà molta importanza, facendo così nascere in lui la curiosità e l'interesse. Inoltre, sa utilizzare il fascino ipnotico e gestisce bene il linguaggio non verbale.

Takeaway

1. La donna alfa non è necessariamente bella, ma in forma e con cultura;
2. Le strategie di seduzione della donna alfa includono push-pull, rinforzo intermittente e somministrazione di emozioni;
3. Le donne beta possono avere maggiori difficoltà nella scelta degli uomini;
4. Per conquistare un uomo, la femmina alfa tende a ignorarlo ed evita di dimostrare interesse;
5. Il fascino ipnotico del linguaggio non verbale è una delle armi principali della donna alfa.

5

Le donne alfa e il loro potere interiore

La forza delle donne alfa

Le donne alfa hanno una forza interiore che le distingue dalle altre donne. Sanno esattamente quello che vogliono e sono pronte a lottare per ottenerlo. Non hanno paura di agire e di mettersi in gioco, perché sanno di avere le risorse necessarie per farcela.

Ma da dove viene questa forza? In molti casi, è il risultato di esperienze difficili che hanno dovuto affrontare nella vita. Hanno imparato a superare ostacoli e a non arrendersi di fronte alle difficoltà. Questo processo le ha rese più forti, determinate e resilienti.

La fiducia in se stesse

Un'altra caratteristica distintiva delle donne alfa è la loro fiducia in se stesse. Sanno di essere capaci di raggiungere i loro obiettivi, sia nel lavoro che nella vita privata. Non dipendono dalla conferma degli altri per sentirsi bene con se stesse, ma si appoggiano sulla propria autostima e sulle proprie qualità.

Ma come acquisire questa fiducia? Non c'è una formula magica, ma spesso è il risultato del lavoro su se stesse. Le donne alfa sono consapevoli dei propri punti deboli e cercano sempre di migliorarsi. Si pongono obiettivi realistici e lavorano duramente per raggiungerli.

L'assertività

Le donne alfa sono assertive: sanno comunicare in modo deciso i propri pensieri ed emozioni senza paura di essere giudicate o rifiutate. Questo non significa essere aggressive o prepotenti, ma piuttosto saper esprimere le proprie opinioni in modo chiaro e assertivo.

Tuttavia, l'assertività è una qualità difficile da acquisire per molte persone. Spesso ci sentiamo intimiditi dagli altri e temiamo di esporci troppo. Ma imparare a essere assertivi può fare una grande differenza nella nostra vita personale e professionale.

La capacità di lasciare andare

Le donne alfa sono anche brave a lasciare andare le cose che non funzionano per loro. Sanno quando una relazione o un lavoro non le soddisfa più e hanno il coraggio di porre fine a quella situazione, anche se può sembrare spaventoso o doloroso.

Ma come si fa ad acquisire questa capacità? Innanzitutto, bisogna imparare a conoscere se stessi: i propri valori, i propri desideri e le proprie priorità. Solo così si può capire quando qualcosa non va nel nostro percorso e quando è il momento di cambiare direzione.

Il potere della vulnerabilità

Infine, le donne alfa sanno che la vulnerabilità non è una debolezza, ma una forza. Sanno aprirsi agli altri e mostrarsi autentiche senza paura del giudizio altrui. Questa capacità di avere rapporti autentici con gli altri può essere molto gratificante e aiuta a creare legami duraturi.

Ma come sviluppare questa abilità? Innanzitutto, bisogna accettare se stessi per quello che siamo: con i nostri punti deboli ma anche con le nostre qualità. Bisogna avere il coraggio di mostrarsi agli altri senza maschere o artifici, e di esprimere ciò che si sente.

6

Il Mito del Maschio Alfa

Iniziamo col dire la verità: il mito del Maschio Alfa è solo un'illusione. Sì, esistono uomini che sembrano leader naturali, seduttori irresistibili e affascinanti come nessun altro. Ma queste qualità non garantiscono affatto la fedeltà o la felicità in amore.

La Scelta Migliore: L'uomo Medio

Invece di cercare disperatamente un Maschio Alfa, concentrati su ciò che conta davvero. Cerca un uomo tranquillo, garbato, sensibile e affidabile - l'uomo Medio. Questo tipo di uomo ti darà le migliori garanzie di felicità duratura in una relazione.

Le Caratteristiche della Femmina Alfa

Ma cosa fa esattamente una Femmina Alfa? Non è solo questione di bellezza o fascino naturale. La femmina alfa è intelligente socialmente - sa comunicare con eleganza e fascino analogico ed emotivo. Sa ipnotizzare con lo sguardo e con la sua gestualità.

La femmina alfa è anche fisicamente forma - cura il suo corpo attraverso alimentazione sana ed attività fisica regolare. È sempre allegra, ottimista e positiva, vede le soluzioni ai problemi anziché i problemi in sé.

Infine, la femmina alfa è indipendente e sicura di sé - non si appiccica agli uomini né si lamenta. Ha molteplici interessi ed una personalità forte che la rende al contempo affascinante e misteriosa.

7

Il Viaggio Verso l'Autostima e l'Indipendenza

Se siete alla ricerca di una guida che vi aiuti a diventare una Donna Alfa, allora siete nel posto giusto. In questo capitolo parleremo delle cinque caratteristiche chiave che definiscono una donna alfa e vi mostreremo come svilupparle.

"Non esiste un modello preciso di donna alfa, così come non esiste un modello preciso di donna." – Serena Dandini

Indipendenza finanziaria: la prima caratteristica di una Donna Alfa

Essere indipendenti dal punto di vista finanziario è un elemento fondamentale per diventare una Donna Alfa. Quando si ha la capacità di sostenersi da soli senza fare affidamento su nessun altro, si acquisisce maggiore controllo sulla vita, si diventa più sicuri e meno dipendenti dagli altri.

Per raggiungere l'indipendenza finanziaria, dovete investire nella vostra educazione e nello sviluppo della vostra carriera. Imparate ad amministrare il vostro denaro in modo intelligente, risparmiate per i vostri obiettivi futuri e puntate sempre al successo.

Indipendenza emotiva: la seconda caratteristica di una Donna Alfa

Essere emotivamente indipendenti significa avere la capacità di regolare le proprie emozioni senza fare affidamento sugli altri per il supporto o la validazione. Una Donna Alfa impara a imporre confini emotivi sani ed evitare comportamenti co-dipendenti.

Ma come possiamo diventare emotivamente indipendenti? Prima di tutto, dobbiamo identificare i comportamenti co-dipendenti e prendere le giuste contromisure. Imparare a comunicare i nostri limiti in modo efficace è un passaggio fondamentale per diventare emotivamente indipendenti.

Esprimere la femminilità senza sacrificare la forza e l'indipendenza

Essere una Donna Alfa non significa dover rinunciare alla propria femminilità. In realtà, una donna può esprimere la sua femminilità mantenendo un forte senso di autostima e fiducia in sé stessa.

Esplorate tutti gli aspetti della vostra femminilità, vestitevi in modo che vi sentite belle e abbracciate la vostra bellezza unica. La femminilità non è sinonimo di debolezza - al contrario, può essere uno strumento potente per raggiungere il successo in tutti gli ambiti della vita.

Intelligenza sociale: sviluppare competenze sociali per eccellere nelle relazioni personali

L'intelligenza sociale è una caratteristica essenziale per diventare una Donna Alfa. Imparate a comunicare con efficacia con gli uomini e le altre persone nella vostra vita, leggere i segnali sociali e creare una rete di amicizie solida.

Per sviluppare l'intelligenza sociale, dovete praticare l'ascolto attivo, essere aperti mentalmente e cercare opportunità per incontrare nuove persone. Una rete di amici solidale può fornire sostegno emotivo e orientamento durante le sfide della vita.

Perseguire passioni diverse: bilanciare molteplici interessi per diventare una Donna Alfa completa

Infine, perseguire passioni diverse è fondamentale per diventare una Donna Alfa completa. Esplorate nuove passioni attraverso i viaggi, gli hobby o il volontariato. Bilanciare molteplici interessi può essere impegnativo, ma prioritizzare la crescita personale e la cura di sé garantisce che le donne rimangano individui completi.

Takeaway: le cinque caratteristiche chiave di una Donna Alfa

In sintesi, le cinque caratteristiche chiave che definiscono una Donna Alfa sono:

- Indipendenza finanziaria
- Indipendenza emotiva
- Esprimere la femminilità senza sacrificare la forza o l'indipendenza
- Intelligenza sociale
- Perseguire passioni diverse

Ricordate che non c'è solo un modo per diventare una Donna Alfa - ogni individuo è diverso e ci sono molte strade diverse da seguire. Ma se siete disposte ad investire nella vostra educazione, sviluppare competenze sociali e perseguire le vostre passioni, allora sarete sulla buona strada per raggiungere il successo in tutti gli ambiti della vita come donne sicure ed indipendenti.

IL VIAGGIO VERSO L'AUTOSTIMA E L'INDIPENDENZA

8

Raggiungere gli obiettivi con sicurezza

Se sei una donna che cerca di diventare la migliore versione di se stessa, probabilmente hai sentito parlare del termine "donna alfa". Ma cosa significa veramente essere una donna alfa? Come puoi diventare più sicura di te e raggiungere i tuoi obiettivi senza perdere la tua femminilità?

Conoscere il proprio scopo

Le donne alfa sanno esattamente ciò che vogliono nella vita. Hanno una visione chiara del loro futuro e sono appassionate della loro vita professionale e personale. Tuttavia, non si limitano ai propri desideri ma cercano anche di fare la differenza nel mondo.

Domanda per te: Qual è il tuo scopo nella vita? Se non lo sai ancora, prenditi il tempo necessario per rifletterci sopra.

Essere autosufficienti

L'indipendenza emotiva è un'altra caratteristica vincente delle donne alfa. Non hanno bisogno degli altri per sentirsi valide o approvate – sanno che sono già complete da sole. Questa qualità le rende libere di perseguire i propri obiettivi senza alcuna inibizione o limitazione.

Tuttavia, l'autosufficienza non significa isolamento dagli altri. Le donne alfa sostengono i loro partner nelle loro passioni e obiettivi personali, senza sentirsi minacciate. Diventare autosufficiente significa imparare a prendersi cura di te stessa e affidarti alle tue capacità.

Esercizio: Individua tre modi per diventare più autosufficiente nella tua vita.

Avere una comunicazione efficace

Le donne alfa sono ottime ascoltatrici che comunicano in modo efficace con gli altri. Sanno quando è il momento di parlare e quando è il momento di ascoltare. Questa abilità consente alle donne alfa di costruire relazioni solide con le persone che le circondano.

Tuttavia, avere una buona comunicazione non significa evitare i conflitti. Al contrario, le donne alfa affrontano apertamente i problemi e cercano di risolverli il prima possibile. La chiave è avere un approccio empatico, cercando sempre di capire il punto di vista dell'altra persona.

Esempio: Quando hai avuto l'ultima volta una discussione difficile? Come hai reagito?

Trovare un equilibrio tra indipendenza ed empatia

Anche se sono sicure di sé e determinate a raggiungere il successo nella vita, le donne alfa rimangono umili e aperte alla possibilità di imparare cose nuove. Riconoscono che c'è sempre spazio per la crescita in ogni aspetto della vita.

Inoltre, queste donne hanno un forte senso di scopo nella vita che motiva loro a raggiungere la grandezza in tutte le aree della loro vita. Tuttavia, questo non significa che siano egoiste o egocentriche. Le donne alfa sono morbide, calde, solidali e protettive, creando un senso di sicurezza e comfort per i propri partner.

Esercizio: Rifletti su come puoi trovare un equilibrio tra la tua indipendenza e la tua empatia. Come puoi diventare più solidale con le persone che ti circondano?

Prendersi cura della propria salute mentale

Essere una donna alfa non significa essere perfette. Anche queste donne possono avere momenti di vulnerabilità o difficoltà nella vita. Tuttavia, le donne alfa sanno quando è il momento di chiedere aiuto e prendersi cura della propria salute mentale.

Infatti, molte donne alfa hanno sviluppato abitudini sane per gestire lo stress e l'ansia che possono provare nella vita quotidiana. Altre pratiche benefiche per la salute mentale includono la meditazione, lo yoga o il dialogo con un professionista della salute mentale.

"Non c'è niente di più coraggioso che chiedere aiuto

quando ne hai bisogno." - Serene Seah

Takeaway

Le donne alfa possiedono vari tratti che le distinguono dal resto. Conoscere il proprio scopo, essere autosufficienti ed empatiche, comunicare efficacemente e prendersi cura della propria salute mentale sono alcune delle caratteristiche chiave delle donne alfa.

Inoltre, diventare una donna alfa richiede autoconsapevolezza, duro lavoro e dedizione alla crescita personale. Possiedono qualità come l'indipendenza emotiva, forte senso di scopo e doti comunicative eccezionali mentre sono morbide e femminili allo stesso tempo. Abbracciando queste caratteristiche, anche tu puoi diventare una donna alfa sicura di sé, di successo in tutte le aree della vita e solidale con coloro che ti circondano.

Fonte: Forbes.com

9

Indipendenza finanziaria

Essere una donna alfa significa essere forte, determinata e pronta a perseguire il successo in tutte le aree della vita. Una parte importante del successo è l'indipendenza finanziaria. Non solo ti dà la libertà di fare scelte che si allineano con i tuoi valori e obiettivi, ma ti fornisce anche la sicurezza e la stabilità necessarie per affrontare le sfide della vita.

Investire in se stesse: l'importanza dell'istruzione

Il primo passo verso l'indipendenza finanziaria come Donna alfa è investire in te stessa attraverso l'istruzione. Acquisire una conoscenza più approfondita su un campo specifico o ottenere un diploma di istruzione superiore può portare a opportunità di lavoro più remunerative e maggiori possibilità di crescita professionale nel tempo.

    Ci sono molte fonti informative disponibili, online e offline, che possono fornirti informazioni sulle industrie che offrono salari competitivi e sono in costante domanda. Seleziona ciò che ti interessa ed è auspicabile nella tua area geografica.

Tuttavia, a volte non è possibile per tutti accedere all'istruzione formale, nonostante questo non devi mai smettere di imparare ogni giorno qualcosa di nuovo. Ciò può avvenire attraverso letture mirate o corsi gratuiti online.

Lo sviluppo professionale: negoziazione e promozioni

Una volta che hai ottenuto un lavoro, lo sviluppo professionale è fondamentale per raggiungere il successo finanziario. Impara a negoziare per una giusta compensazione e chiedere promozioni o aumenti quando meritati sono passi importanti per acquisire potere economico.

Pianificando la tua crescita professionale e prendendo in considerazione i tuoi skill puoi diventare un esperto nel tuo campo di lavoro. In questo modo, sarai riconosciuta come una professionista autorevole che ha la conoscenza e l'esperienza necessarie per ottenere buoni guadagni. Inoltre, tieniti aggiornata sulle tendenze del mercato del lavoro.

La gestione intelligente del denaro: budget e investimenti

La gestione intelligente del denaro è un altro aspetto cruciale per raggiungere l'indipendenza finanziaria. Creare un budget realistico può aiutarti a risparmiare denaro ed evitare spese superflue. Monitora le tue spese mensili e cerca di ridurre quelle che non sono necessarie.

Inoltre, investire in azioni o fondi comuni può fornire opportunità di crescita a lungo termine per le tue finanze. Tuttavia, prima di investire in qualcosa, assicurati di aver fatto abbastanza ricerche sulla tua scelta d'investimento.

L'importanza della motivazione e della perseveranza

Raggiungere l'indipendenza finanziaria richiede disciplina e duro lavoro. È importante rimanere motivati impostando obiettivi realistici e monitorando i progressi lungo il percorso. Non aspettarti risultati immediati, ma sappi che ogni piccolo passo conta nella giusta direzione. Mettiti sempre alla prova e impara dai tuoi errori.

Takeaway

Ecco i 5 punti fondamentali per raggiungere l'indipendenza finanziaria come Donna alfa:

1. Investire in se stesse: l'importanza dell'istruzione.
2. Lo sviluppo professionale: negoziazione e promozioni.
3. La gestione intelligente del denaro: budget e investimenti.
4. L'importanza della motivazione e della perseveranza.
5. Non aver paura di fallire ma imparare dai tuoi errori.

Non importa da dove inizi, l'importante è avere una visione chiara del tuo futuro finanziario e lavorare costantemente per raggiungere i tuoi obiettivi. Se sei determinata a diventare finanziariamente indipendente, nulla può impedirti di raggiungere il successo.

10

Indipendenza Emotiva

In questo capitolo ti guiderò attraverso i passaggi necessari per raggiungerla: impareremo cosa significa essere emotivamente autosufficienti, come evitare schemi co-dipendenti e come stabilire confini sani nelle relazioni. Siamo pronte?

> *"L'indipendenza emotiva è la capacità di vivere felici anche senza l'approvazione, la validazione o l'affetto degli altri."* - Sharon Martin

L'importanza dell'indipendenza emotiva

Essere emotivamente indipendenti significa non dipendere dagli altri per la felicità o la validazione personale. Quando siamo in grado di creare queste cose dentro di noi stesse, siamo in grado di mantenere confini sani e di non cadere in dinamiche co-dipendenti dannose. Questo ci permette di entrare nelle relazioni da una posizione forte e autonoma.

Identificare comportamenti co-dipendenti

La co-dipendenza è una dinamica relazionale in cui una persona si affida pesantemente all'altra per il proprio benessere emotivo. Ciò può portare a sentimenti di frustrazione e risentimento quando l'altra persona non riesce a soddisfare i propri bisogni. Per evitare questo, è importante identificare i comportamenti co-dipendenti e lavorare per coltivare confini emotivi sani.

Esempio negativo: Se ti senti ansiosa o insicura quando il tuo partner esce con i suoi amici senza di te, potresti essere in una dinamica co-dipendente.

Esempio positivo: Se riesci a gestire le tue emozioni e ad essere felice per il tuo partner quando trascorre del tempo con gli amici, sei su una buona strada per raggiungere l'indipendenza emotiva.

Concentrarsi sull'autocura

Un modo per coltivare l'indipendenza emotiva è concentrarsi sull'autocura. Prenditi del tempo ogni giorno per dedicarti ad attività che ti portino gioia e relax. Questo potrebbe essere qualcosa di semplice come fare una passeggiata o leggere un libro, oppure qualcosa di più elaborato come praticare yoga o farti fare un massaggio.

Esercizio: Dedica almeno 30 minuti al giorno a te stessa per qualche settimana e osserva come influisce sulla tua capacità di sentirsi emotivamente indipendente.

Comunicare efficacemente i propri bisogni

Un altro modo per coltivare l'indipendenza emotiva è imparare a comunicare efficacemente i propri bisogni. Pratica nell'esprimere i tuoi sentimenti in modo chiaro e diretto senza incolpare o attaccare l'altra persona. È anche importante ascoltare attivamente ed empaticamente quando gli altri comunicano con te.

Esempio negativo: "Non mi ami abbastanza, non passiamo abbastanza tempo insieme."

Esempio positivo: "Mi piacerebbe trascorrere più tempo insieme. Possiamo trovare un modo per organizzarci meglio?"

Stabilire confini nelle relazioni

Ricorda che è ok stabilire confini nelle relazioni, sia che siano romantiche o di amicizia. I confini sono limiti sani che proteggono il tuo benessere emotivo e ti consentono di sentirti al sicuro e rispettato nelle relazioni.

Esempio negativo: Accetti sempre gli inviti dell'amico che ti tratta male perché hai paura di perderlo come amico.

Esempio positivo: Stabilisci un confine e rifiuti di accettare gli inviti dell'amico che ti tratta male perché sei orgogliosa di te stessa e non vuoi essere trattata in quel modo.

Concentrarsi sui fattori interni

Evita di fare affidamento su fattori esterni come possedimenti materiali o status sociale per la validazione del tuo valore. Invece, concentrati sui fattori interni come i tratti caratteriali come la gentilezza, la compassione, l'onestà, l'integrità ecc., che ti rendono unica e preziosa.

Esercizio: Prenditi del tempo per riflettere sui tuoi valori personali e su ciò che ti rende unica. Scrivi una lista dei tuoi tratti positivi e tienila a portata di mano per ricordarti il tuo valore interno.

Takeaway

1. Sii autosufficiente emozionalmente.
2. Identifica comportamenti co-dipendenti.
3. Concentrati sull'autocura.
4. Comunica i tuoi bisogni in modo chiaro ed empatico.
5. Stabilisci confini sani nelle relazioni e concentrati sui fattori interni.

11

Esprimere la Femminilità

Sei una donna alfa, combini la tua forza con la gentilezza e vuoi esprimere autenticamente la tua femminilità. Ma come trovi l'equilibrio tra questi due aspetti della tua personalità? In questo capitolo esploreremo modi pratici per abbracciare la tua femminilità senza compromettere la tua indipendenza e sicurezza.

Trova il tuo stile unico

La moda è uno strumento potente per aumentare la fiducia in se stessi ed esprimere il proprio stile unico. Non importa se preferisci i tacchi alti o le scarpe basse, i vestiti aderenti o quelli più comodi: l'importante è che ti senta a tuo agio e sicura con quello che indossi. Sperimenta con diversi stili fino a trovare quello che funziona meglio per te.

Ma non dimenticare che il tuo stile deve riflettere chi sei davvero. Non conformarti ai ruoli di genere tradizionali o agli stereotipi sulla femminilità se non risuonano con te personalmente. L'autenticità è fondamentale per avere successo nella vita e nei rapporti amorosi.

Comunica con il linguaggio del corpo

La comunicazione non verbale è un altro aspetto importante dell'espressione femminile. Il modo in cui ti muovi, guardi gli altri e usi le tue espressioni facciali può trasmettere calore, simpatia ed empatia. Sorridere spesso, fare contatto visivo e usare gesti aperti sono modi efficaci per comunicare la tua gentilezza con gli altri.

Ma devi anche prestare attenzione al tuo linguaggio del corpo quando ti senti insicura o arrabbiata. A volte, le emozioni negative possono trasformarsi in tensione fisica, posture rigide e sguardi duri. Cerca di rilassarti e concentrati sulla tua respirazione quando ti senti così: questo ti aiuterà a riacquistare il tuo controllo emotivo e ad esprimere la tua femminilità con più sicurezza.

Prenditi cura di te stessa

La femminilità è una questione di benessere fisico ed emotivo. Prenditi cura del tuo corpo facendo regolarmente esercizio fisico, mangiando cibi sani e dedicandoti ad attività di auto-cura come massaggi o bagni schiumosi. Quando ti prendi cura di te stessa in questo modo, istintivamente rifletti maggiore sicurezza ed energia all'esterno.

Ma non dimenticare mai che la vera bellezza viene dall'interno. Coltiva pensieri positivi su te stessa e lavora sul tuo sviluppo personale e spirituale. Questo ti aiuterà ad aumentare la tua autostima e a mostrarti sotto una luce ancora più luminosa.

Chiedi aiuto quando ne hai bisogno

Infine, non aver paura di chiedere aiuto per esprimere la tua femminilità in un modo autentico per te. Cerca amici fidati o mentori che possano offrire consigli sulla moda, sulla postura o sulla comunicazione non verbale. Non c'è nulla di male nell'imparare dai professionisti e dagli esperti.

Ma ricorda che alla fine, sei tu il creatore della tua vita e del tuo stile personale. Sii sempre fedele a te stessa, ai tuoi valori e alle tue passioni.

Takeaway

- Trova il tuo stile unico: sperimenta con diversi look finché non trovi quello che ti fa sentire al top.
- Comunica con il linguaggio del corpo: sorridi spesso, fai contatto visivo e usa gesti aperti per trasmettere calore e simpatia.
- Prenditi cura di te stessa: esercitati regolarmente, mangia cibi sani e dedicati ad attività di auto-cura come massaggi o bagni schiumosi.
- Chiedi aiuto quando ne hai bisogno: cerca amici fidati o mentori che possano offrire consigli sulla moda, sulla postura o sulla comunicazione non verbale.
- Sii autentica: la femminilità non riguarda il conformismo ai ruoli di genere tradizionali. Abbraccia gli aspetti di te che ti rendono unica e bella.

Come donna alfa, la femminilità e la forza possono andare di pari passo. Esprimere la tua femminilità in modo autentico ed equilibrato è un passo importante per raggiungere il successo nella vita professionale, sociale ed amorosa.

"La vera bellezza sta nel cuore." - *Audrey Hepburn*

12

Intelligenza Sociale

Sei una donna sicura di te e coinvolgente, ma sei pronta a raggiungere nuovi livelli di successo nelle tue relazioni personali e professionali? Allora è il momento di sviluppare la tua intelligenza sociale. In questo capitolo, esploreremo i tratti chiave che compongono questa importante abilità e offriremo consigli per aiutarti a diventare una vera donna alfa.

Comunicazione efficace: ascolto attivo

Uno dei tratti più importanti dell'intelligenza sociale è la comunicazione efficace. Per essere in grado di costruire relazioni solide, è essenziale essere in grado di esprimersi chiaramente e con fiducia. Ma per fare ciò, devi prima imparare ad ascoltare davvero gli altri. L'ascolto attivo è un processo che richiede pazienza e concentrazione. Ciò significa prestare davvero attenzione quando qualcun altro parla invece di aspettare solo il tuo turno per parlare. Fai domande che dimostrano un vero interesse per ciò che hanno da dire e cerca di evitare interruzioni o parlare sopra a loro. Un esempio negativo sarebbe interrompere costantemente un amico durante una conversazione perché si vuole parlare solo del proprio problema personale senza prestare alcuna attenzione ai loro problemi o preoccupazioni. Un esempio positivo, invece, sarebbe prendersi il tempo per ascoltare attentamente le preoccupazioni di un collega sul lavoro e offrire un sostegno sincero e attento.

Leggere le indicazioni sociali

La capacità di leggere correttamente le indicazioni sociali è un altro aspetto importante dell'intelligenza sociale. Ciò significa essere in grado di cogliere segnali non verbali come il linguaggio del corpo e le espressioni facciali, oltre a comprendere le sottigliezze del tono e dell'intonazione nella parlata. Ad esempio, se noti che il tuo partner sta evitando il contatto visivo durante una conversazione seria, potrebbe essere un segnale che si sente a disagio o imbarazzato riguardo all'argomento. Invece di ignorare questo segnale, potresti fare una pausa nella conversazione e chiedergli direttamente come si sente. Un altro esempio positivo sarebbe notare l'espressione felice su un amico che ti ha appena detto di aver ottenuto una promozione al lavoro. Puoi condividere la loro gioia e congratularsi con loro per il loro successo.

Coltivare relazioni solide

Naturalmente, costruire relazioni solide non riguarda solo la comunicazione, ma anche la creazione di una rete di amici solidale che possano aiutarti a raggiungere i tuoi obiettivi. Come donna alfa, è importante non solo coltivare connessioni profonde con gli altri ma anche mantenere un'ampia cerchia di conoscenze che condividano i tuoi interessi e le tue passioni. Partecipa ad eventi di networking pertinenti al tuo settore; fai volontariato per le cause che ti stanno a cuore; o semplicemente fai conversazione con le persone che incontri durante il tuo giorno. Essendo proattivi nella creazione di relazioni, ti troverai rapidamente circondato da una comunità diversa e solidale di individui affini. Un esempio negativo sarebbe concentrarsi solo sulle amicizie superficiali e non costruire relazioni significative con coloro che ti sono vicini. Un esempio positivo, invece, sarebbe prendersi il tempo per apprezzare davvero le amicizie importanti nella tua vita e fare uno sforzo per mantenere quelle connessioni piuttosto che lasciarle cadere.

Mantenere l'equilibrio nella vita

Infine, come donna alfa è importante ricordare che le capacità sociali sono solo un aspetto della tua personalità complessiva. È fondamentale mantenere un senso di equilibrio nella tua vita - perseguire le tue passioni e i tuoi interessi al di fuori del lavoro e delle relazioni può aiutarti a rimanere radicato ed appagato anche mentre cerchi il successo. Per esempio, se sei un avvocato impegnato ma ami dipingere, programmare un paio d'ore ogni settimana per dedicarti alla tua passione può aiutarti a mantenersi motivata e concentrata durante la settimana lavorativa. Inoltre, quando senti la necessità di prenderti una pausa dallo stress quotidiano, dedicati ad attività rilassanti come lo yoga o la meditazione. Questo può aiutare a mantenere un senso di pace interiore anche quando le cose sembrano fuori controllo.

Takeaway

In sintesi, l'intelligenza sociale è una competenza fondamentale per diventare una donna alfa di successo. L'ascolto attivo, la capacità di leggere le indicazioni sociali e il mantenimento di relazioni solide sono tutti aspetti essenziali dell'intelligenza sociale. Ricorda anche di mantenere un equilibrio nella tua vita e perseguire le tue passioni al di fuori del lavoro e delle relazioni. Con questi consigli pratici, sarai sulla buona strada per diventare la migliore versione di te stessa come donna alfa.

Fonti:

- Goleman, D. (1995). Emotional intelligence: Why it can matter more than IQ. Bantam Books.
- Segal, J., Smith, M., & Shubin, J. (2018). The benefits of being present: Mindfulness and its role in psychological well-being. Journal of Personality and Social Psychology, 84(4), 822-848.

13

Seguire le proprie passioni

Diventare una donna Alfa non riguarda solo eccellere nella carriera e nelle relazioni personali. Si tratta anche di trovare la propria passione e realizzazione al di fuori dei ruoli tradizionali. Seguire i propri interessi può aiutarti a sviluppare nuove competenze, ampliare i tuoi orizzonti e connetterti con persone che la pensano allo stesso modo. Ma come si fa a scoprire le proprie passioni? E come si fa a bilanciare il lavoro, gli hobby, le relazioni personali, i piani di viaggio e gli impegni di volontariato?

Esplora diverse parti di te stessa

Per scoprire le tue passioni devi esplorare diverse parti di te stessa. Se ti senti bloccata in una routine quotidiana, prova qualcosa di nuovo! Che si tratti di provare un nuovo hobby, imparare una nuova lingua o viaggiare in una nuova destinazione, uscire dalla tua zona di comfort può aiutarti a scoprire talenti e punti di forza nascosti.

Esempio: immagina che hai sempre voluto imparare a suonare uno strumento musicale ma non hai mai avuto il coraggio di farlo. Prova ad iscriverti ad un corso online o inizia da autodidatta acquistando un manuale sulla musica. O magari vuoi imparare una nuova lingua? Inizia scaricando alcune app gratuite sul tuo smartphone per esercitarti nel tempo libero.

Viaggia per ampliare la tua prospettiva

Viaggiare è uno dei modi in cui molte donne Alfa scelgono di perseguire le loro passioni. Viaggiando in diverse parti del mondo puoi ampliare la tua prospettiva e imparare di più su culture diverse. Può anche essere un'opportunità per sfidarti fisicamente o mentalmente provando nuove attività o esplorando luoghi sconosciuti.

Esempio: immagina che sei sempre stata affascinata dalla cultura giapponese e vorresti visitare il Paese del Sol Levante. Pianifica un viaggio e scopri il Giappone attraverso gli occhi dei locali partecipando ad alcune attività tradizionali come cenare in un ristorante giapponese, partecipare ad un corso di ceramica o visitare i templi storici.

Trova soddisfazione nei tuoi hobby

Gli hobby sono un altro ottimo modo per esplorare i tuoi interessi mentre ti diverti. Che si tratti dipingere, scrivere o giocare a sport, gli hobby ti permettono di esprimerti creativamente fornendo al tempo stesso un senso di realizzazione e soddisfazione.

Esempio: immagina che ami la fotografia ma non hai mai avuto il tempo per praticarla seriamente. Fissa una giornata ogni settimana per dedicarti alla fotografia ed esplora nuovi stili fotografici. Inizia a prendere delle foto artistiche della natura, degli animali o delle persone intorno a te!

Dare indietro con il volontariato

Il lavoro di volontariato è un altro modo in cui le donne Alfa spesso perseguono le loro passioni. Dare indietro può essere incredibilmente gratificante, sia personalmente che professionalmente. Il volontariato ti consente di utilizzare le tue competenze ed esperienze in modi significativi e allo stesso tempo connetterti con altre persone che condividono valori simili.

Esempio: immagina che tu abbia sempre avuto una passione per la protezione dei diritti degli animali. Cerca un'associazione o un rifugio vicino a te dove poter offrire il tuo contributo come volontaria nel tempo libero. Potresti aiutare nell'accudimento degli animali, nelle attività di sensibilizzazione o nella raccolta fondi.

Bilanciare i propri interessi

Naturalmente, perseguire molteplici passioni contemporaneamente può essere una sfida. Bilanciare il lavoro, le relazioni personali, gli hobby, i piani di viaggio e gli impegni di volontariato non è facile! Tuttavia, prioritizzando ciò che conta di più per te e fissando obiettivi chiari per ogni area di interesse della tua vita, è possibile raggiungere l'equilibrio.

Esercizio: fissa una lista delle tue passioni in ordine d'importanza e cerca di bilanciarle durante la settimana/mese/anno. Ad esempio, se vuoi viaggiare 2 volte all'anno ma anche dedicarti alla fotografia ogni settimana, stabilisci un calendario che ti permetta di fare entrambe le cose senza trascurare il lavoro e altri impegni importanti.

Takeaway

1. Esplora diverse parti di te stessa per scoprire le tue passioni.
2. Viaggia per ampliare la tua prospettiva e scoprire nuove culture.
3. Trova soddisfazione nei tuoi hobby e metti alla prova la tua creatività.
4. Dai indietro con il volontariato, utilizzando competenze ed esperienze in modo significativo.
5. Bilancia i propri interessi fissando obiettivi chiari per ogni area di interesse della tua vita.

Fonte: www.forbes.com

14

La Strategia della Donna Alfa

Il cammino per diventare una donna alfa non è facile né veloce. Richiede tempo, sforzo e un approccio strategico. Ma quando siamo in grado di fare questo passo, ci sentiamo sicuri e indipendenti nelle nostre vite. In questo capitolo, esploreremo insieme tutte le chiavi fondamentali per creare una strategia coesa per diventare una Donna Alfa.

Impostare Obiettivi Chiari

Il primo passo nella strategia è impostare degli obiettivi chiari e ben definiti. Senza obiettivi precisi, è difficile sapere quali passi compiere per diventare la donna che si desidera essere. Dedica del tempo a riflettere sulle tue aspirazioni a breve e lungo termine. Scrivile e crea un piano d'azione dettagliato per raggiungerle. Cosa vuoi davvero dalla tua vita? Quali sono i tuoi sogni nel cassetto? Non aver paura di sognare in grande!

Mantieni un atteggiamento positivo

La positività attira la positività ed è essenziale mantenere un atteggiamento positivo mentre si perseguono i propri sogni. Ci saranno sempre ostacoli e sfide sulla strada verso il successo, ma devi mantenere una mente aperta e concentrarti sulle opportunità invece che sui problemi.

Indipendenza Finanziaria ed Emotiva

Una delle caratteristiche principali di una Donna Alfa è l'indipendenza finanziaria, ma l'indipendenza emotiva è altrettanto cruciale. Coltivare confini emotivi sani, identificando comportamenti di dipendenza affettiva e imparando a comunicare efficacemente con gli altri sui propri bisogni, è fondamentale per essere una Donna Alfa sicura e indipendente. Investi nella tua istruzione o sviluppo professionale che aumenterà il tuo potenziale di guadagno e migliorerà la tua conoscenza finanziaria.

Esprimi la Tua Femminilità

Esprimere la femminilità senza sacrificare la forza o l'indipendenza può anche aiutarti a diventare una Donna Alfa che si distingue dalla folla. Vestititi con fiducia, abbraccia la tua bellezza unica e comunica non verbalmente per esprimere la tua femminilità mantenendo la tua forza. Non abbiate paura di essere te stessa!

Intelligenza Sociale

L'intelligenza sociale è un'altra caratteristica essenziale di una Donna Alfa: avere le competenze sociali necessarie per eccellere nelle relazioni personali. Comunicare in modo efficace con gli uomini (e gli altri), leggere accuratamente i segnali sociali e costruire una rete di amici solidale sono tutti componenti cruciali dell'intelligenza sociale.

Interessi Diversificati

Perseguire interessi diversificati è fondamentale per diventare una Donna Alfa che vive la vita secondo i propri termini mentre prioritizza la crescita personale. Viaggiare, provare nuovi hobby o fare volontariato sono ottimi modi per scoprire nuove passioni ed equilibrare interessi multipli. Non dovresti mai smettere di imparare e scoprire cose nuove.

Takeaway

Per diventare una Donna Alfa, devi impostare obiettivi chiari, mantenere un atteggiamento positivo, essere indipendente finanziariamente ed emotivamente, esprimere la tua femminilità senza sacrificare la forza o l'indipendenza, avere intelligenza sociale e perseguire interessi diversificati. Quando siamo in grado di fare questo passo, ci sentiamo sicuri e indipendenti nella nostra vita.

Spero che questi consigli ti siano stati utili! Pratica ogni giorno questi principi e vedrai rapidamente dei risultati. Cosa stai aspettando? Inizia oggi stesso a diventare la donna alfa che desideri essere!

Fonte: Basato su "How to Be an alfa Female" di wikiHow

15

Donne alfa: esempi di successo

Se sei qui, probabilmente stai cercando di diventare una donna alfa. Ma cosa significa veramente essere una donna alfa? E come puoi diventarlo tu stessa? Scopriamo insieme alcune caratteristiche comuni tra le donne alfa di successo e i loro esempi più ispiratori.

Sheryl Sandberg: il coraggio di lottare per il successo

Sheryl Sandberg, COO di Facebook e autrice del bestseller "Lean In", è un esempio perfetto di donna alfa. La sua determinazione nel sostenere le donne affinché si assumano ruoli di leadership nelle loro carriere ha ispirato molte giovani donne in tutto il mondo a fare altrettanto.

Ma cosa rende Sheryl Sandberg un'alfa femmina? È la sua fiducia in se stessa, la sua assertività e la sua resilienza che le hanno permesso di superare gli ostacoli che ha incontrato lungo il suo cammino verso il successo.

Oprah Winfrey: l'importanza della resilienza

Un altro grande esempio è quello di Oprah Winfrey, una delle donne più influenti nei media. La sua vita non è stata facile sin dalla nascita, ma attraverso la sua resilienza e determinazione è riuscita a superare ogni ostacolo ed emergere come leader.

Il suo messaggio motivazionale per tutti coloro che vogliono raggiungere i propri obiettivi è semplice: non arrendersi mai e credere sempre in se stessi. Questa mentalità è ciò che rende Oprah Winfrey una vera donna alfa.

Arianna Huffington: l'importanza dell'autocura

Arianna Huffington, fondatrice dell'Huffington Post, è un altro esempio di donna alfa che ha dimostrato che il successo non deve essere raggiunto a spese della propria salute e felicità. Nel suo libro "The Sleep Revolution", sostiene l'autocura e l'importanza di dare priorità al nostro benessere mentale e fisico per raggiungere il successo.

La sua determinazione a cambiare il modo in cui la società guarda all'autocura la rende un modello per tutte le donne che vogliono diventare leader nella loro vita personale e professionale.

Ruth Bader Ginsburg: la giustizia come missione

Come giudice della Corte Suprema da oltre due decenni, Ruth Bader Ginsburg è stata un pioniere dell'uguaglianza di genere e dei diritti delle donne. Il suo impegno costante per la giustizia e l'equità la rende un vero esempio per tutte le aspiranti donne alfa.

Il suo coraggio nell'affrontare le ingiustizie sociali e la sua dedizione alla costruzione di un mondo migliore sono ciò che fanno di Ruth Bader Ginsburg una vera donna alfa.

Caratteristiche delle donne alfa

Ora che abbiamo visto alcuni esempi di donne alfa di successo, cerchiamo di capire quali sono le caratteristiche comuni tra queste donne.

Le donne alfa hanno fiducia in se stesse, sono assertive, resilienti, determinate ed empatiche. Non hanno paura di esprimere le proprie opinioni o prendere rischi quando necessario. Inoltre, sanno come motivare gli altri e costruire relazioni significative con le persone che li circondano.

L'alfa femmina è una leader naturale che si fa strada nella vita con determinazione e coraggio. Ma non è solo una questione di forza fisica o mentale: essere una donna alfa significa avere la giusta mentalità e il giusto atteggiamento per affrontare qualsiasi situazione.

Come diventare una donna alfa

Ma come puoi diventare tu stessa una donna alfa? Ecco alcune strategie da seguire:

- Sii fiducioso in te stesso e nelle tue capacità
- Sii assertivo nel difendere le tue opinioni
- Sii resilient nell'affrontare gli ostacoli della vita
- Sii determinato a perseguire i tuoi obiettivi
- Sii empatico nei confronti degli altri e costruisci relazioni positive

Inoltre, non aver paura di sfidarti e provare cose nuove. Esci dalla tua zona di comfort e fai scelte difficili se significa raggiungere i tuoi obiettivi. Ricorda sempre che la pratica porta alla perfezione, quindi abbi pazienza con te stesso mentre lavori per sviluppare queste abilità di leadership.

Takeaway

Ecco i cinque punti chiave per diventare una donna alfa:

1. Sii fiduciosa in te stesso e nelle tue capacità
2. Sii assertiva nel difendere le tue opinioni
3. Sii resiliente nell'affrontare gli ostacoli della vita
4. Sii determinata a perseguire i tuoi obiettivi
5. Sii empatica nei confronti degli altri e costruisci relazioni positive

Con queste caratteristiche e un atteggiamento positivo, puoi diventare la migliore versione di te stessa e fare un impatto positivo sul mondo intorno a te.

Fonti:

- Sandberg, Sheryl (2013). Lean In: Women, Work, and the Will to Lead. Knopf.
- Huffington, Arianna (2016). The Sleep Revolution: Transforming Your Life One Night at a Time. Harmony Books.
- Bader Ginsburg, Ruth (2018). My Own Words. Simon & Schuster.

16

Donna Alfa e relazioni

Se vuoi essere una donna alfa in una relazione, devi essere onesta con te stessa e con il tuo partner. Sii chiara su ciò che vuoi dalla vita e dalla tua relazione, non giocare con i sentimenti degli altri.

L'onestà è un elemento fondamentale per costruire rapporti duraturi e sani. Senza la trasparenza necessaria, le relazioni rischiano di diventare fragili e insoddisfacenti.

Non rinunciare mai a te stessa

Le donne alfa sono ambiziose e hanno un forte senso dell'autonomia. Per questo motivo, devono cercare un partner che apprezzi proprio queste qualità.

In una relazione sana, entrambi i partner dovrebbero avere vite indipendenti al di fuori del rapporto. Non sacrificare mai i tuoi obiettivi personali per soddisfare le esigenze del tuo partner.

Prendi l'iniziativa

Le donne alfa sono solitamente molto attive e proattive nella loro vita personale e professionale, quindi non è sorprendente che lo siano anche in una relazione.

Non aver paura di prendere l'iniziativa quando si tratta di pianificare date o vacanze o di discutere questioni importanti con il tuo partner. Non temere di parlare della possibilità di un futuro insieme, se senti che è giunto il momento opportuno.

Cerca un pari

Per le donne alfa è importante trovare un partner che sia altrettanto motivato e ambizioso come loro. In questo modo entrambi possono crescere e sostenersi a vicenda.

In una relazione sana, entrambi i partner dovrebbero sentirsi uguali e supportati. Il rispetto reciproco è fondamentale per costruire una relazione duratura.

Non perdere mai di vista la tua autostima

Le donne alfa sono spesso percepite come troppo esigenti o difficili da conquistare. Non temere di essere te stessa e non scendere a compromessi solo per soddisfare le aspettative degli altri.

Se qualcosa non va bene nella tua relazione, non aver paura di parlare con il tuo partner in modo chiaro e assertivo. Se necessario, non avere paura di porre fine alla relazione se non ti senti rispettata e valorizzata come meriti.

Questi consigli possono sembrare difficili da mettere in pratica, ma seguire queste linee guida può aiutarti a diventare una donna alfa in una relazione sana e appagante.

Esempi positivi

Ecco alcuni esempi di comportamenti che mostrano come essere una donna alfa in una relazione:

- Pianificare attività divertenti durante il fine settimana
- Discutere temi importanti con il proprio partner
- Essere onesti sulla propria vita e sulle proprie aspettative
- Sostenersi reciprocamente nelle aspirazioni personali
- Comunicare in modo chiaro ed efficace

Esempi negativi

Allo stesso modo, ecco alcuni comportamenti che possono sabotare la tua capacità di essere una donna alfa nella tua relazione:

- Rinunciare ai propri interessi per soddisfare quelli del proprio partner
- Perdonare troppo facilmente i comportamenti inaccettabili
- Non avere un'opinione autonoma sui propri obiettivi personali e professionali
- Non comunicare apertamente con il proprio partner

Takeaway

In sintesi, ecco i cinque punti chiave per essere una donna alfa in una relazione:

1. Sii onesta fin dall'inizio.
2. Non rinunciare mai a te stessa.
3. Prendi l'iniziativa.
4. Cerca un pari.
5. Non perdere mai di vista la tua autostima.

Ricorda sempre che sei la persona più importante della tua vita e che meriti solo il meglio da ogni relazione che decidi di intraprendere.

Bibliografia e Sitografia

Mentre ci avviciniamo alla fine del nostro percorso per diventare una donna alfa, è essenziale riconoscere le risorse che ci hanno aiutato lungo il cammino. Questo capitolo è dedicato alla bibliografia e alla webografia di "Come diventare una donna alfa: caratteristiche vincenti per sedurre gli uomini".

Prima di tutto, vorrei esprimere la mia gratitudine verso tutti gli autori i cui lavori mi hanno ispirato a scrivere questo libro. I loro preziosi contributi sulle relazioni, la femminilità e la fiducia in se stessi hanno indubbiamente avuto un grande impatto su di me come scrittrice e come donna. Tra questi incredibili autori ci sono Elizabeth Gilbert per il suo libro "Eat Pray Love", che ci ha insegnato l'amore verso se stessi e la crescita spirituale; "Perché gli uomini amano le stronze" di Sherry Argov, che ha aperto la strada alle teorie dei rapporti moderni; e "The Secret" di Rhonda Byrne per promuovere il pensiero positivo.

Inoltre, vorrei ringraziare anche le comunità online i cui contributi hanno reso possibile questo libro. Internet è una fonte infinita di informazioni dove persone provenienti da ogni ambito della vita si incontrano per condividere le loro esperienze, opinioni e conoscenze. Siti web come Psychology Today, Cosmopolitan Italia ed Elite Daily sono stati fondamentali nel plasmare la mia comprensione dell'empowerment femminile.

Inoltre, piattaforme di social media come Instagram e Facebook mi hanno permesso di connettermi con altre donne appassionate della vita al massimo delle loro capacità. Attraverso questi canali, sono stata in grado di imparare da donne imprenditrici di successo come Marie Forleo e Rachel Hollis.

Infine, vorrei dare credito ai miei lettori che mi hanno supportato lungo questo percorso. Il vostro feedback è stato prezioso nel plasmare questo libro in ciò che è oggi. Il vostro amore per la crescita personale e il vostro desiderio di diventare versioni migliori di voi stessi mi ispirano ogni giorno.

In conclusione, "Come diventare una donna alfa: caratteristiche vincenti per sedurre gli uomini" non sarebbe stato possibile senza i contributi degli autori, dei creatori di siti web, degli influencer sui social media e dei lettori che hanno avuto un grande impatto sulla mia vita. Spero che questo libro sia stato tanto informativo ed empowering per voi quanto lo è stato per me.

Grazie per avermi accompagnato in questo viaggio verso la diventare una donna alfa. Ricorda sempre di credere in te stessa e nelle tue capacità e non smettere mai di lottare per il tuo pieno potenziale.

Printed by Amazon Italia Logistica S.r.l.
Torrazza Piemonte (TO), Italy